Inhalt

<u>Produktivität steigern:</u>

Wie das richtige Zeitmanagement, deine Konzentration und dein Fokus, dich deinen Zielen näher bringt

CHRISTIANO KUHN

Einleitung

Das in diesem E-Book enthaltene Wissen um Produktivität, Effizienz, Zeitmanagement und Persönlichkeitsentwicklung wird für folgende Personengruppen hilfreich und anwendbar sein:

Schüler, die gerade ihren Abschluss machen oder schon fertig sind

Studenten, die sich nebenbei selbstständig machen wollen

Arbeitnehmer, die mehr aus ihrem Leben machen wollen und ihren typischen 9-5 Job nicht mehr aushalten

Arbeitnehmer, die mit wenigen Tricks der schnellste Arbeiter im Office sein -und eine Gehaltserhöhung wollen

Junge Selbstständige, die ihren Ausbruch aus dem Hamsterrad schneller erreichen wollen

Wenn Du dich mit einer der beschriebenen Personengruppen identifizieren kannst - Glückwunsch! Du kannst mehr aus deinem bisherigen Leben machen, als bisher angenommen. Tatsächlich könntest du in ein paar Monaten sogar ein komplett anderes, freieres und selbstbestimmteres Leben als bisher führen, sofern du das Wissen in diesem Buch auch wirklich anwendest.

Interessante Studien zeigen, dass von Denjenigen, die sich Bücher kaufen, nur ca. 30% das darin enthaltene Wissen tatsächlich im echten Leben anwenden. In diesem Buch gibt es viele Tipps und Tricks, die dir das Leben erleichtern und es wird

dich Zeit kosten, diese zu verstehen und umzusetzen. Das hört sich erst einmal anstrengend an, aber hier ist schon einmal der erste Tipp:
Du wirst nur ca. 20% des hier enthaltenen Wissens anwenden müssen, um dein Leben von Grund auf zu ändern.
Warum das so ist und wie ich auf diese 20% komme, wirst du in einem der späteren Kapitel ausführlich erfahren.

Doch nun noch einmal zurück zu dem hier enthaltenen Wissen: Im Alltag sieht es so aus, dass man meistens komplett überschwemmt wird, da mittlerweile einfach viel zu viel Informationen vorhanden ist und das führt zu einer regelrechten Übersättigung an Anweisungen, Tipps und Tricks. Wer Experte in einem beliebigen Gebiet werden will, muss sich zunächst aus allerlei Quellen

Informationen herausziehen und schließlich wie in einem Puzzle zusammenfügen. In diesem E-Book wurde versucht, dies für den Leser zu vermeiden und die wichtigsten Erkenntnisse, Tricks und Informationen zusammenzufassen.

Zuletzt noch ein wichtiger Hinweis zur Ansammlung und Wissen.
Stelle Dir vor, es gibt einen Reisbauer in China, der sämtliches Wissen
aus Jahrhunderten von Geschichte angesammelt hat. Er weiß alles über Physik, Quantenphysik, Biologie, Spiritualität und kennt jegliche Gesetze über Produktivität und Effektivität auswendig.
Ist er jetzt weise? Nein, er ist Reisbauer.

Weise ist nur derjenige, der Wissen angewandt -und damit praktische Erfahrung erlebt hat. Der chinesische Reisbauer kann dir sämtliches Theoriewissen erzählen, es hat aber keinen Wert für ihn oder für dich, wenn es keiner von euch beiden anwendet. Denke also immer daran: Wissen ohne Anwendung ist wertlos.

Um den meisten Wert aus diesem E-Book zu erhalten, markiere so viele Informationen wie möglich und setze Tipps, die dir als wirklich anwendbar erscheinen, auch tatsächlich in deinem Leben um.

Viel Spaß!

Warum ist Produktivität heutzutage so wichtig?

Die Eigenschaft, konzentriert und sehr produktiv arbeiten zu können, ist heutzutage relevanter als je zuvor. In einer Welt, wo die nächste Ablenkung per Push-Notification am Smartphone alle paar Minuten losgeht, ist es ein Wunder, wenn sich noch jemanden mehrere Stunden am Stück konzentrieren kann.

Wer dabei dann noch beginnen will, sein eigenes Business zu starten, an sich selbst zu arbeiten oder einfach produktiver und effizienter am Arbeitsplatz sein möchte, dem fällt es erst recht schwer, da mittlerweile einfach zu viele Informationen vorhanden sind.

Eine kurze Google Suche nach "produktiver arbeiten" bringt ganze 6,4 Millionen Ergebnisse. Der #productivity wurde bei Instagram derzeit 1,2 Millionen mal benutzt und der #hustle liegt bei ganzen 17 Millionen. Ob das sogenannte "hustlen" mittlerweile zum Lifestyle geworden ist, steht gar nicht mehr zur Frage. Ob aber bei jedem #hustle auch tatsächlich wahre Konzentration und Arbeit dahintersteckt oder bei jedem #productivity wirklich produktiv und effizient gearbeitet wurde, sei dahingestellt.

Festgehalten werden kann aber, dass derjenige belohnt wird, der tatsächlich arbeitet. Dabei ist es jedoch wichtig, zwischen unnötiger "harter Arbeit" und "smarter Arbeit" zu unterscheiden. Wenn man die Tools und das nötige Know-How besitzt, intelligent, effizient und mit zeitsparender Produktivität zu arbeiten, ist man allen Anderen ein weites Stück voraus und schont dabei nicht nur seinen Körper, sondern vor allem die Psyche vor Stress und Belastung.

Der Wille zum Erfolg

Bevor es nun aber tatsächlich losgeht, müssen wir noch über eine besonders wichtige Situation reden. Der Wille und die Bereitschaft, zu lernen und sich stetig weiterzuentwickeln ist absolut essentiell, wenn Dich dieses E-Book weiterbringen soll. Für fast alle Menschen ist Erfolg und Verbesserung im Leben etwas wünschenswertes und positives, dennoch führen so viele Menschen ein Leben voller

Trauer, Depression und Reue.

Wieso ist das so? Ist es etwa so schwer, ein erfolgreiches und glückliches Leben zu führen? Nein, im Grunde ist das nämlich so einfach wie entspannt auszuatmen. Das wirklich schwere ist nicht das Erreichen des Erfolgs, sondern das Loslösen vom Nicht-Erfolg, von der Durchschnittlichkeit.
Was passiert mit 90% der Lotto-Millionäre? Sie geben all ihr Geld schließlich aus und leben nach einigen Jahren oder manchmal auch Jahrzehnten wieder so "einfach" wie früher. Selbst wenn man diesen Leuten sämtliche Erfolgsgeheimnisse der Oberschicht gäbe und ihr Geld für sie anlegte, nach einiger Zeit wären sie wieder am Boden.

Der Grund dabei ist folgender: Es gibt einen gewaltigen Unterschied zwischen einem

Menschen, der eine Millionen Euro haben und einem Millionär.

Ein Millionär denkt, sieht, träumt, redet, **ist reich**. Eine Person mit viel Geld ist lediglich eine Person mit viel Geld. Der Unterschied ist das **Mindset** und das **Selbstwertgefühl**.

Das **Mindset** muss dem der gewünschten Persönlichkeit, die sich manifestieren soll, entsprechen. Das Selbstwertgefühl ist genau das, was es sagt: Wie viel Wert hat mein Selbst?

Hat mein Selbst den Wert eines Millionärs? Stell dir diese Frage und fühle dabei tief in dich hinein. Du wirst feststellen, dass das Stellen dieser Frage ein gewisses Unbehagen oder Unwohlsein in deinem Körper auslösen wird. Dies ist ganz subtil und deutet daraufhin, dass dein Selbstwertgefühl eben nicht dem eines

Millionärs entspricht; außerdem würdest Du dieses E-Book sonst nicht einmal bemerkt haben.

Wir werden dieses Thema nur kurz ansprechen, wichtig ist es aber auf jeden Fall. Dieses Thema kann als "Gesetz der Anziehung" oder als "The Secret" bezeichnet werden, der Name ist im Grunde egal.

Die Aussage dieses "Gesetzes" ist, dass du anziehst, was du bist. Eine Tellerwäscher wird nicht zum Millionär, nicht einmal durch eine Millionen Euro. Es geht um die Person, die du bist. Ein Millionär kreiert seine eigene Realität, indem er wie ein Millionär denkt, redet, läuft, sich identifiziert. Dadurch kreiert er ständig neue Möglichkeiten und das "Nach-Außen-Treten" seines Millionär-Mindsets wirkt wie eine Welle, die seine Realität ständig beeinflusst. Denk dran: Wer auch immer du werden willst, du musst diese Person zuerst **sein**.

Dies mag sich nach irgendwelchem modernen New-Age Quatsch anhören und für den Ein oder Anderen zu unlogisch und irrational sein. Das ist okay; behalte diesen Gedanken jedoch immer im Hinterkopf. **Sei** zuerst, dann **handle**, dann **habe**. BE - DO - HAVE.

Morgenroutine

Die Morgenroutine ist ein essentieller Bestandteil für jeden, der ein erfolgreiches Leben führen will. Wie komme ich auf diese Behauptung? Nun, nehmen wir einmal ein erfolgreiches Leben und zerlegen es in seine grundsätzlichen Bestandteile. Dann kommen wir nämlich auf viele erfolgreiche Jahre, welche aus erfolgreichen Monaten und wiederum erfolgreichen Tagen, Stunden und Minuten bestehen. Ein erfolgreiches Leben besteht genau gesehen also aus erfolgreichen Tagen. Wie hat man nun erfolgreiche Tage?

Jeder Tag beginnt mit einem Morgen und dieser ist auch die wichtigste Zeit des Tages. Warum? Weil eine gut funktionierende, motivierende Morgenroutine die einzige Garantie für einen erfolgreichen Tag sein kann. Der Rest des Tages ist mehr oder weniger durch Termine, Arbeit etc. festgelegt, den Grundstein für die Produktivität und die Herangehensweise an jeden Tag legt aber der Morgen.

Der Großteil der Menschen heutzutage lebt

in den Tag hinein, steht spät auf, lässt sich gehen und geht ab und zu mal die nötigsten Aufgaben an. Er achtet weder auf seine körperliche, noch auf seine mentale Gesundheit und ist faul. Der Gegenpol zu diesen Menschen sind diejenigen, die jeden Tag bis spät in die Nacht aufbleiben, Netflix schauen, Party machen, und morgens verkatert viel zu spät vom Wecker geweckt werden, sich noch schnell einen Kaffee runterkippen und dann durch den morgendlichen Berufsverkehr in die Arbeit hetzen. Der Grundstein für beide eben beschrieben Parteien wurde nicht gelegt und der Tag beginnt genauso energielos und chaotisch wie er enden wird.

Vielleicht kannst du die ein oder andere Gewohnheit bei dir Selbst erkennen und das ist auch gut so, denn mit dem Kauf und dem Lesen dieses E-Books gehst du gerade einen sehr wichtigen Schritt, den alle Anderen, die noch in ihrem Alltagsstress gefangen sind, nicht gehen oder erst in einigen Monaten oder auch Jahren erkennen werden.

Du willst ein produktives Leben führen? Dann beginne deinen Morgen richtig. Genauso wie die meisten Dinge im Leben, wollen wir ein gesundes Mittelmaß finden und **nicht** in einem Extremzustand wie die vorhin beschriebenen Menschen leben. Dieses gesunde Mittelmaß ist eine Morgenroutine, bestehend aus:

- Motivation
- Inspiration
- Fokus

Dein erfolgreicher Morgen sollte zuerst aus **Motivation** bestehen. Das heißt, Du sollst dir innere und äußere Faktoren

bereitstellen, die dich motivieren, aus dem Bett zu kommen, den Tag zu starten und dein positives Momentum über den Tag hin zu halten. Techniken zur Motivation sind:
- To-Do Liste am Tag zuvor schreiben
- mit einer personalisierten & motivierenden Playlist aufwachen
- kalt Duschen
- einen guten Grund zum aufwachen haben (dein Jahresziele etc.)

Jetzt bist du aufgestanden und hast schon einmal eine relativ gute Stimmung. Dieses Gefühl kann aber schnell wieder den Bach hinunter gehen, wenn Du jetzt nicht aktiv wirst und dein positives Momentum durch **Inspiration** beibehältst.

Inspiration bedeutet laut Duden "jemandem/einer Sache Impulse verleihen, Anregungen geben". Du Techniken zur

Inspiration sollen nämlich vor allem deinen Körper anregen und voller Energie füllen. Dafür kannst du:

- 5-Minuten Workouts machen
- Raus gehen und dich etwas bewegen, joggen
- Power Yoga machen
- Noch mehr anregende Musik hören
- Singen, tanzen, deinen Körper intuitiv bewegen

Stell dir einfach vor, du machst Party oder hast etwas zu feiern. Versetze dich in diese Gefühlslage, denn um einen ganzen Tag produktiv zu arbeiten, wirst du einiges an Energie brauchen.

Das letzte Element deiner Morgenroutine ist der **Fokus**. Dabei kommst du wieder etwas runter, meditierst, besinnst dich auf deine Ziele im Leben und die Aufgaben, die du dafür heute angehen musst. Die ersten zwei Elemente der Routine dienten dazu, deinen Körper und Geist in ein positives, energiegeladenes Instrument zu verwandeln. Nun geht es darum, die erhaltene Energie zu nutzen, um dir große und wichtige Ziele zu visualisieren, einen guten Überblick über den Tag zu erhalten und um die To-Do Liste zu schreiben.

Hier sind die Techniken für den **Fokus**:
- Visualisierung
- Affirmationen sprechen
- Kurz -und Langzeitziele definieren/überarbeiten
- Basierend auf deinen Zielen die To-Do Liste erstellen

Hierzu gibt es natürlich auch einige

hilfreiche Online-Tools und Apps, die ich dir im letzten Kapitel vorstellen werde.

Selbstdisziplin

Nun, dieses Thema ist wohl die Basis für sämtliche weitere Kapitel dieses E-Books. Ohne Disziplin müssen wir gar nicht erst von Produktivität, Geheimtipps oder Effektivität reden, denn Disziplin ist wie das Benzin für den Motor - ohne das läuft einfach nichts.

Dir ist vielleicht aufgefallen, dass es in diesem E-Book kein Kapitel über Motivation gibt und das Wort "Motivation" auch eher selten fällt. Dies scheint auf den ersten Blick seltsam zu sein, wo doch YouTube mit sogenannten "Motivationsvideos" oder "Motivational Speeches" überrannt ist. Das

Problem dabei ist nur leider, dass diese Motivation meistens nicht länger als ein oder zwei Tage hält; oder wann hast du das letzte mal monatelang durchgearbeitet, weil dich ein solches Video "motiviert" hat? Ein weiterer Grund, weshalb Du Motivation fallen lassen, und den Fokus eher auf Disziplin richten solltest, ist, dass Motivation von außen kommt und Disziplin von innen.

Im Kapitel über Gewohnheiten wirst Du noch mehr dazu erfahren, aber soviel sei schon einmal vorab gesagt: Du bist für ALLES, wirklich ALLES in deinem Leben selbst verantwortlich. Daher kannst du langfristig nur von selbsterzeugten Dingen profitieren. Da Motivation aber meistens von außen kommt, hilft es nicht viel. Disziplin jedoch betrifft deine innere Haltung. Hast du jemals einen Freund motivieren wollen, etwas zu unternehmen, aber es hat einfach überhaupt gar nicht geklappt? Das lag höchstwahrscheinlich daran, dass du von außen Motivation geben willst, aber der Freund nicht bereit war und keine Eigenmotivation bzw. Selbstdisziplin hatte.

Kurz gesagt - ab jetzt gilt es, Disziplin zu entwickeln und zu trainieren.
Wie also erhält man Selbstdisziplin? Dafür gibt es 3 Bausteine.

1.Dein Why

Dein Why ist dein Ziel im Leben, deine Mission, dein Traum. Ist dieses WHY groß genug, wirst du automatisch härter arbeiten wollen. Dein Why lässt dich weitermachen, damit bleibst du auch spät abends noch wach, wenn du müde bist, um die letzten

Aufgaben abzuschließen. Es zieht dich auch wieder hoch, wenn du nach einer Niederlage am Boden bist. Schreibe Dir also jetzt dein WHY auf.

Du musst dich dabei nicht limitieren, schreibe deine Mission auf oder veranschauliche sie dir mithilfe von Mindmaps und Zeichnungen.

2. Trainiere deinen präfrontalen Kortex

Der präfrontale Kortex ist im Grunde derjenige Bereich des Gehirns, der dich unbequeme Dinge machen lässt, auch wenn du dich gerade nicht danach fühlst. Genauso wie jeden Bereich des Gehirns, kannst du auch diesen trainieren. Wie? Mach' möglichst viele Dinge, die Du unbequem findest. Du kannst sie sogar in deine Morgenroutine mit einbauen und damit zu einem täglichen Ritual machen.

Dusche kalt, meditiere, gehe ins Fitnessstudio, gehe möglichst immer die Extrarunde, nimm keine Abkürzungen. Nach und nach wird dein präfrontaler Kortex wachsen, deine Disziplin wird stärker und du wirst unaufhaltbar!

3. Beständigkeit

Es geht nicht darum, ständig alles perfekt und richtig zu machen oder deine Aufgaben immer alle perfekt abzuschließen. Viel wichtiger ist, konsistent am Ball zu bleiben. Mach' von einer Gewohnheit nicht zwei lange Sessions pro Woche, sondern eher sieben kurze Sessions pro Woche. Erfolg ist kein kurzer Sprint - er gleicht eher einem Marathon. Bleib also beständig dabei und die Erfolge werden für sich sprechen.

Gewohnheiten

Das Tool, wie du Produktivität im Alltag anwendest, lautet: Gewohnheiten. Mehrere Gewohnheiten (englisch: Habits) bilden eine Routine. Welche Gewohnheiten genau du im Alltag anwenden kannst, wird später im Kapitel über "Morgenroutinen" besprochen.

In diesem Kapitel wirst Du erfahren, wie du Gewohnheiten bildest und auch langfristig behältst. Dabei spielt die Beständigkeit wiederum eine große Rolle, wie es schon im Kapitel über Selbstdisziplin erklärt wurde.

Es gibt viele verschiedene Studien und Arbeiten über das Bilden von Gewohnheiten bzw. wie lange es dauert, eine neue Gewohnheit zu festigen. Der allgemein Konsens ist, dass es zwischen 2 und 6 Wochen dauert, bis eine gewisse Tätigkeit in den Alltag integriert wurde und das Anfangen und Durchführen dieser Gewohnheit keiner großen Überwindung mehr Bedarf. Wir gehen deshalb von der Faustregel aus, dass es 4 Wochen - also 30 Tage dauert - eine neue Gewohnheit zu bilden.

Das heißt für Dich, dass du deine neue Gewohnheit, sei es Meditation, Yoga, Fitness, eine neue Sprache lernen etc., ohne Unterbrechung für 30 Tage durchziehen musst. Mit **Selbstdisziplin**.

Am Anfang jeder neuen Gewohnheit wird es dich viel Überwindung kosten und du wirst lieber aufgeben wollen, weil es sich einfach zu anstrengend anfühlt. Das ist eine normale Barriere des Körpers, der in seiner

Komfortzone bleiben und nicht unnötigen Anstrengungen ausgesetzt werden möchte.

Nach einigen Tagen oder Wochen wirst du aber feststellen, dass es sich nicht nur plötzlich gut und angenehm anfühlt, diese Tätigkeit durchzuführen, sondern sogar seltsam anfühlt, wenn du die Gewohnheit einmal auslässt. Das bedeutet zum einen, dass dieser Habit offiziell Teil deiner Routine geworden ist und auch, dass du auf einem höheren Level als vorher lebst/praktizierst. Glückwunsch!

Konzentration

Du kennst es wahrscheinlich aus der Schulzeit. Manchmal ist es einfach extrem anstrengend, sich richtig zu konzentrieren und ohne ablenkende Gedanken bei der Sache zu sein. Dies hängt von mehreren Faktoren ab.

Zum einen ist das **innere commitment** wichtig, also deine persönliche Begeisterung vom jeweiligen Thema. Arbeitest du an deinem persönlichen Business oder bist kreativ aktiv, bist du meistens sowieso von der Sache überzeugt und musst dich nicht großartig dazu bringen, interessiert zu sein. Jedoch gibt es auch bei deinem eigenen Business einige Angelegenheiten, die eher langweilig sind, wie zum Beispiel Finanzen, Steuer, bürokratische Dinge und so weiter. Hier ist es essentiell, dass Du wenigstens **einen Grund** für dich findest, der dir am Herzen liegt, warum die Arbeit erledigt werden muss. Bei der Steuererklärung könnte es zum Beispiel sein, dass du dadurch das restliche Jahr weniger Stress hast und dich voll und ganz auf dein Business konzentrieren kannst. Der Grund muss für dich wahr und relevant sein, ansonsten bringt es nichts.

Als Nächstes solltest Du einen Blick auf deinen Schreibtisch und deine **Arbeitsumgebung** werfen. Wir Menschen nehmen zwar meist nur das auf, was genau vor unserem Auge liegt, allerdings verarbeitet das Unterbewusstsein extrem viele Informationen aus unserem peripheren Sichtfeld. Zu diesen verarbeiteten Informationen zählen auch akustische Ablenkungen. Zusammengefasst bedeutet das, dass du großen Wert auf ein minimalistisch ausgestattetes Arbeitsumfeld legen solltest mit keinen Ablenkungen, damit du dich zu hundert Prozent auf deine Arbeit konzentrieren kannst. Benutzt du Papier und Stift nur sehr selten? Dann gibt es keinen Grund, dies auf deiner Arbeitsoberfläche zu behalten. Die meisten Leute arbeiten heutzutage sowieso nur noch mit Laptop und Handy. Es reicht also komplett aus, deinen Schreibtisch nur mit einem Laptop auszustatten. Das Handy ist zuhause meist auch nur Ablenkung. Lege offizielle **Arbeitszeiten** fest und schalte währenddessen dein Handy auf Flugmodus oder am besten ganz aus. Und wenn dich jemand erreichen will? Dann bist du einfach während einer bestimmten Zeit am Tag nicht erreichbar - so einfach musst du es dir machen, wenn du produktiv arbeiten möchtest.

Als letztes musst du deine **Zeiten** herausfinden. Damit ist zum einen die Zeit am Tag gemeint (also Früh, Vormittags, Nachmittags, Abends) und auch die Zeitspanne deiner Produktivität. Manche Menschen nutzen den sogenannten "Pomodoro-Cycle". Dabei arbeitest du für 25 Minuten und legst darauf eine 5 Minuten Pause ein. Somit hast du immer Zyklen von 30 Minuten und kannst dir am Anfang des Tages einplanen, wie viele Zyklen du heute arbeiten möchtest.

Andere wiederum fangen mit dem größten und schwierigsten Projekt an und arbeiten für mehrere Stunden, machen dann eine große Pause und arbeiten dann wieder für einige Zeit weiter. Du kannst selbst herausfinden, was dir besser liegt, indem du nach jeder Arbeitseinheit überlegst, wann du am meisten im "Flow", also im ablenkungsfreien Arbeitsfluss, warst.

Meditation

In einem Buch über Produktivität und Erfolg scheint es dir vielleicht zunächst seltsam, über Meditation zu schreiben, dabei ist es aber eins der wichtigsten Themen überhaupt. Du kannst nur so viel Energie in ein Projekt stecken, wie du deinem Körper und Geist erlaubst, auch wieder freizulassen. Dies kreiert Gleichgewicht in dir und ist essentiell, um produktiv zu arbeiten.

Doch keine Angst, Meditation bedeutet nicht zwangsweise, still auf dem Boden zu sitzen und an nichts zu denken. Immer, wenn du einer Sache Bewusstsein, also aktive Aufmerksamkeit, schenkst, meditierst du. Das Problem ist nur, dass die meisten Menschen ständig von innerer Unruhe getrieben sind und nicht im präsenten Moment sein können. Viele haben einen unaufhaltbaren Gedankenfluss, über den sie Kontrolle verloren haben. Das mögen harte Worte sein, aber könntest Du ab jetzt für 1 Minute aufhören, zu denken? Die Wahrscheinlichkeit ist sehr gering, deshalb rate ich Menschen, die Erfolg und Produktivität in ihrem Leben anziehen wollen, der stillen Meditation mindestens genauso viel Aufmerksamkeit zuzuwenden.

Kontinuierliche Meditation lässt dich in allem, was du tust, gelassener und präsenter werden. Damit steigerst du automatisch deine Produktivität und kannst entspannter arbeiten. Ich stelle dir jetzt eine einfache Meditationsübung für den Anfang vor, die du 2x pro Tag - am besten morgens und abends - durchführen solltest.

Übung

Setze dich auf eine Yogamatte, ein Kissen oder irgendetwas, was sich gemütlich anfühlt. Lege deine Hände auf deinen Knien ab und lass sie einfach dort ruhen. Atme nun komplett aus und lass den nächsten Atemzug automatisch kommen. Dein Bauch wird sich heben. Atme auch tief durch die Brust ein, sodass sie sich hebt.

4 Sekunden einatmen - 2 Sekunden halten - 4 Sekunden ausatmen.

Nach einigen Atemzügen wird sich deine Herzfrequenz verlangsamen und du spürst merklich, wie sich alles ruhiger und gelassener anfühlt. Schließe deine Augen. Atme ruhig weiter.

Stell dir vor, dass dich ein Scanner langsam von oben nach unten abscannt und spüre den Strahl von Kopf bis Fuß. Fühle deinen Körper und entspanne jeden Teil deines Körpers, den der Scanner berührt. Jeder Muskel und jede Anspannung wird jetzt locker. Atme ruhig weiter. Du wirst anfangs bemerken, dass du nicht aufhören kannst zu denken und sich ständig irgendein Gedankenfluss vor deinem inneren Augen abspielt. Das ist egal. Statt dich zu zwingen, nicht zu denken, gib deinen Gedanken einfach keine Aufmerksamkeit. Sei der Beobachter und betrachte sie einfach anerkennend. Bemerke dabei, dass du nicht der Erzeuger dieser Gedanken bist. Du bist jetzt der stille Beobachter von außen. Wenn du magst, kannst du dir auch vorstellen, dass du auf einer Parkbank sitzt und einen Fluss beobachtest. Der Fluss fließt einfach immer weiter, du kannst ihn beobachten, aber musst ihm keine tiefere Bedeutung zusprechen.

Wenn es sich für dich natürlich anfühlt, die Augen zu öffnen und jetzt aufzuhören, bleibe erst noch für einige Sekunden im Gefühl der Stille und Einheit. Dann öffne langsam deine Augen.

Anfangs wird die Meditation schwierig sein, denn es ist schwer aus dem Gewohnheitsmuster des ständigen Denkens auszubrechen, mit der Zeit aber wirst du dich daran gewöhnen und die Meditation wird wie ein entspannendes Bad sein, in dass du dich jeden Tag zurückziehen kannst.

To-Do Liste führen

Das klassische Tool für mehr Produktivität und Effizienz im Alltag ist die allseits bekannte To-Do Liste. Nun gibt es allerdings einige Variationen und Ausführungen dieser Liste. Ich habe bereits unzählige Methoden ausprobiert, von der einfachen Liste mit Stift und Papier bis zur enorm ausgeklügelten Kanban Methode, wo Aufgaben durch mehrere Stadien bis zur eigentlichen Bearbeitung durchgeschleust werden. Letztendlich gibt es zwar persönliche Präferenzen, aber es geht immer noch darum, die Aufgabe einfach abzuschließen. Daher stelle ich Dir im folgenden die simpelste und erfolgversprechendste Methode vor, eine To-Do Liste zu führen:

MIT-Methode

Die MIT-Methode - kurz für **Most Important Task-Methode** ist diejenige, die ich selbst bis heute nutze und die mir bisher die besten Ergebnisse brachte. Sie funktioniert sehr einfach und wie schon vom Titel zu erahnen ist, definiert man dabei zuerst die allerwichtigste Aufgabe des Tages. Wenn Du diese Aufgabe erledigt hast, war dein Tag erfolgreich. Am Ende des E-Books kannst du dir übrigens ein kostenloses PDF-Muster hierfür herunterladen. Definiere also zunächst deine wichtigste Aufgabe des Tages, danach noch zwei "Side-Tasks" und schließlich noch 2-3 "10-Minute-Tasks". Das gute daran ist, dass du dich wirklich nur auf diese eine große Aufgabe konzentrieren musst, damit dein tägliches Arbeitspensum erreicht ist. Das macht das ganze To-Do Listen erstellen um einiges einfacher und übersichtlicher. Natürlich kannst du dir die

MIT-Aufgabe auch in mehrere kleine Aufgaben unterteilen, wenn du bei nicht weißt, wo du anfangen sollst.

Wenn du es lieber originell magst, dann kaufe dir hierfür einen kleinen Notizblock und einen teuren Kugelschreiber, mit dem du gut schreiben kannst. Warum teuer? Weil, du deinen Tasks damit wert verleihst und das To-Do Liste schreiben zu einer Art Ritual machst, das dir wichtig ist.

Für diejenige, die sowieso nur noch digital arbeiten, gibt es einige interessante Apps zum To-Do Listen erstellen. Die Beste ist meiner Meinung nach:

Wunderlist

Auf dieser kostenlosen App kannst du dir persönliche Listen erstellen. Innerhalb dieser Listen kann man dann Tasks, also

Aufgaben, anlegen, sie nach Wichtigkeit ordnen, markieren und schließlich abhaken.

Bonus: Trello

Für umfangreiche Projekte, die mehr Kontext und Unteraufgaben erfordern, empfehle ich die App **Trello**, welche es ebenfalls kostenlos für PC, Mac & Smartphones gibt. Hier kann man für jedes neue Projekt sogenannte "Boards" erstellen. Auf diesen Boards gibt es wiederum Listen, die mit Aufgaben versehen werden können. Trello hat noch viele weitere, unzählige Funktionen, die man definitiv benutzen sollte, denn je detailliert und anschaulicher eine Aufgabe gestaltet wird, desto handfester und einfacher zu bearbeiten wird sie.

Zeitmanagement

Der Großteil der Menschheit macht sich ständig Sorgen um Geld. Dabei sollte man sich in Wahrheit Sorgen um die Zeit machen. Überall fehlt angeblich Geld und deshalb geht man in Jobs, um seine Zeit gegen Geld einzutauschen. Dieses Geld benutzt man dann, um die Miete, Essen und Freizeit finanzieren zu können.

Der Denkfehler dabei ist Folgender: Wer Zeit gegen Geld eintauscht, zahlt gleich doppelt drauf. Zum einen, weil Zeit nicht wirksam zur Maximierung genutzt werden kann, da es nur 24h pro Tag gibt. Allerdings arbeiten die meisten Menschen nur ca. 8-10h pro Tag. Das heißt, ganz egal, wie viel Du in deinem Job verdienst, dieser Betrag kann jeden Tag nur höchstens verzehnfacht werden. Das war's. Mehr ist nicht möglich.

Hättest du ein Produkt, könntest du die Gewinnmarge jederzeit durch Anpassung des Kaufpreises (hier also deines Stundenlohns) erhöhen, im Job bist du jedoch der moderne Sklave der Zeit. Das ist hart ausgedrückt, aber wenn Du Erfolg haben möchtest, ist dieses Mindset wichtig - Zeit sollte deine erste Priorität sein. Geld ist nämlich in Genüge vorhanden.

Zum anderen zahlst du doppelt drauf, weil du in einem beliebigen Job ja nicht mal für deine Zeit an sich bezahlt wirst, sondern nur, wenn du in dieser Zeit auch noch einer gewissen Tätigkeit erfolgreich nachgehst. Dir wird die Anwesenheit, deine kostbare Zeit, nicht vergütet. Du tauschst Arbeit gegen Geld und verschenkst deine Zeit.

Um das ganze noch zu toppen, arbeiten die meisten Menschen dann auch noch für die Wünsche, Träume, Gier und Erfüllungen eines anderen Menschen, der sich effektiv Zeit spart, indem Andere für ihn Arbeiten. Das soll übrigens nicht heißen, dass es keine Arbeiter mehr geben sollte, denn sonst würde die Gesellschaft sehr wahrscheinlich zusammenbrechen. Allerdings solltest du Dir ab jetzt ein Umdenken angewöhnen, indem Du deiner Zeit mehr Wert gibst als alles andere.

Jetzt, wo wir festgelegt haben, dass Geld also im Überfluss vorhanden ist, musst du dir noch überlegen, wie du deine Zeit effektiv einteilst. Eine wunderbare Methode ist es, den Tag in 3 Teile zu zerlegen. Du fängst mit der Morgenroutine an, danach kommt wie in einem Buch "der Hauptteil" oder das Arbeiten und zum Schluss die

Abendroutine. Deine Hauptaufgaben sollten gleich nach der Morgenroutine erledigt werden. Nicht nur, weil der Vormittag an sich eine der besten Zeiten des Tages ist, um konzentriert zu arbeiten, sondern auch, weil damit gleich am Anfang des Tages bereits großes Geschafft wurde und man dann mit einer gewissen Leichtigkeit an die restlichen Aufgaben und kreative Prozesse gehen kann.

Wie schon vorher im Kapitel über "Konzentration" erwähnt, ist der sogenannte "Pomodoro-Cycle / Pomodoro-Wecker" ein gutes Tool für Zeitmanagement.

Wem das zu stressig ist, kann zum Beispiel nach Aufgaben arbeiten. Sobald eine Aufgabe erledigt ist, gönnt man sich eine Pause und betreibt Aktivitäten, die Spaß machen.

Ein weiteres Tool, das sehr hilfreich ist, wenn du deine Produktivität steigern möchtest, ist die Chrome-Extension "Momentum". Dabei öffnet sich am PC mit jedem neuen Tab eine Übersicht deiner To-Do Liste, gespeicherte Links und du kannst sogar einen Fokus für jeden Tag festlegen. Keine Angst, am Ende des E-Book werden noch einmal alle Apps und andere Tools aufgelistet und kurz erklärt!

Das Pareto Prinzip

Vilfredo Pareto war ein italienischer Ingenieur, Ökonom und Soziologe. Er hat eines der durchbrechendsten und wichtigsten Gesetze gefunden, das bis heute extrem relevant in jeglichen Lebensbereichen ist; von Unternehmensführung bis hin zu Aktienverteilung und Zeit/Projektmanagement.

Wenn Du dieses Prinzip verinnerlichst und im Alltag tatsächlich anwendest, wirst Du unglaubliche Ergebnisse erzielen und deine Freunde und Bekannte werden sich schnell fragen, wie du es schaffst, so viel und so wenig Zeit zu schaffen.

Pareto hat folgendes Entdeckt: 80% der

Ergebnisse werden durch 20% des Gesamtaufwandes erreicht. Was daran nun so weltbewegend sein soll? Lass mich es Dir erklären.

Pareto entdeckte, dass ca. 20% der Bevölkerung Italiens ca. 80% des Bodens besaß. Weiterhin wurde herausgefunden, dass 20% der Bevölkerung 80% des Weltvermögens besitzen.

"80 % des Umsatzes von Unternehmen werden meist mit 20 % der Produkte erzielt.

80 % des Umsatzes von Unternehmen werden oft von 20 % der Kunden (=Stammkunden) erzielt.
80 % der Stadtbewohner eines Landes leben in 20 % der Städte.
80 % der Anrufe führt man mit 20 % seiner gespeicherten Kontakte."
(Wikipedia.org)

Wie Du siehst, lassen sich allerhand verschiedene Situationen in ein Verhältnis von 80/20 einteilen.

Die meisten Aufgaben oder Probleme können zu 80% gelöst werden, wenn man nur ca. 20% Gesamtaufwand anwendet. Die restlichen 20%, die noch bis zu den 100% bleiben, erfordern allerdings ganze 80% Gesamtaufwand. Das Gute daran ist, dass 20% einer Aufgabe meist zu vernachlässigen ist, ohne dass das Gesamtbild des Projekts oder der Aufgabe schlechter wird.

In der Praxis sieht das ganze folgendermaßen aus:

1. Identifiziere die wichtigsten 20% der Projekts / der Aufgabe.
2. Überlege, welche Schritte am wichtigsten für das Endergebnis sind - diese sind Teil der 20%.
3. Identifiziere ineffiziente und zu vernachlässigende Aufgaben - dies sind einige, also die 80%.
4. Erstelle einen Plan, mit dem du Schritt für Schritt die 20% erreichst - du wirst sehen, das Projekt wird viel schneller abgeschlossen sein, als gedacht.
5. Wenn es noch kleine Mängel gibt oder das Projekt unzureichend aussieht, arbeite am Besten kleine Details heraus, die sozusagen die "Spitze des Eisbergs" darstellen - vergiss' nicht, dass man 100% Einsatz

für 100% Ergebnis benötigt und das wird dich um einiges mehr Zeit kosten.

Die meisten Kapitel in diesem E-Book wurden zum Beispiel nach dem Pareto-Prinzip geschrieben, indem ich nur ca. 20% der Informationen beschreibe, da deren Anwendung bis zu 80% Effektivität hat. Ohnehin werden Leser dieses E-Books nur ca. 20% des Wissens anwenden, damit aber ihre Produktivität um ganze 80% steigern.

Die richtige Strategie

Was ist das Gegenteil von Erfolg? Die meisten Menschen würden mit Misserfolg oder Verlust antworten, dabei könnte das nicht weiter von der Realität entfernt sein.

Das wahre Gegenteil von Erfolg ist Durchschnittlichkeit. Ein durchschnittliches Leben, das zwar komfortabel sein kann, aber weder interessante Höhen -noch Tiefen bietet.

Der erste und wichtigste Schritt ist daher, Fehler und Misserfolge nicht mehr negativ zu bewerten sondern vielmehr als essentiellen Bestandteil des Erfolgs zu sehen. Derjenige, der am meisten Fehler gemacht hat, und aus diesen auch lernt, hat am meisten Erfolg. Im Grunde ist es ganz einfach, was ist schon dabei, Fehler zu machen?

Richtig, hier ist das Problem: Leute wollen keine Fehler machen. Sie haben Angst, zu verlieren. Dass diese Angst teils aus der Schulzeit kommt, wo ausschließlich Perfektionismus belohnt wird, und teils auch mehr oder weniger aus dem eigenen Elternhaus, hat jedoch nichts damit zu tun, dass Du dies ab heute ändern kannst!

Jeder Fehler ist richtungsweisend zum Erfolg und zeigt Dir lediglich auf, wie es **nicht** funktioniert - und das ist gut, denn jetzt stehen dir noch weniger Hindernisse im Weg.

Es gibt keine richtige Strategie und keinen zielgeraden, einfachen Weg. Die "richtige"

Strategie ist es, über jeden Fehler oder Misserfolg dankbar zu sein und ihn tiefgehend zu analysieren. Folgende Fragen können dabei hilfreich sein:

- Warum war dieser Fehler in diesem Moment wichtig für mich?
- Was werde ich das nächste Mal tun, um einen solchen Fehler zu vermeiden?
- Was lerne ich aus diesem Fehler?

Ein interessantes Zitat von Charles T. Munger sagt: "To get what you want, you have to deserve what you want. The world is not yet a crazy enough place to reward a whole bunch of undeserving people." - Das bedeutet, dass du zuerst verdienen musst, was du willst. Die Welt ist nicht so verrückt, als dass sie einfach einen Haufen Leute belohnt, die es noch nicht einmal verdienen.

Du musst dir deinen Erfolg verdienen, indem du kontinuierlich am Ball bleibst. Der springende Punkt ist der, an dem alle Anderen aufgeben würden. Genau dann wenn du dir denkst, "Jetzt reicht es, ich habe genug gelitten und durchgemacht, ich lass es einfach sein.", ist es Zeit, weiterzumachen. Das ist der kosmische Test vom Universum; diejenigen, die ihn immer wieder aufs Neue bestehen, kommen schließlich zum Erfolg.
Nun noch ein paar Worte an Diejenigen, denen das alles zu theoretisch war und mehr Praxistipps brauchen. Eine Strategie, die immer funktioniert ist, eine Sache haben und durchzuziehen.

Zu viele Menschen halten sich mit zu viel

unterschiedlichen Projekten, Zielen und Nischen auf. Es ist nicht schwer, von Allem ein bisschen zu können. Wer es aber schafft, in einem spezifischen Kerngebiet der Beste zu werden und sich sämtliches Wissen diesbezüglich aneignet und auch weiß, wie man es praktisch umsetzt, der wird Erfolg haben. **In einer Welt, wo plötzlich jeder Lifestyle-Blogger und Success-Coach ist, fehlen tatsächliche Profis.**

Apps und andere nützliche Tools

Wie bereits in den vorherigen Kapiteln erwähnt, gibt es einige sehr hilfreiche Apps und Tools, mit denen du deine Produktivität steigern, deinen Schlaf verbessern, -oder auch To-Do Listen schreiben kannst. Die folgenden Apps sind nach Kategorien eingeteilt.

Zeitmanagement

- Forest (iOS/Android)
- Be Focused - Focus Timer (iOS)
- Momentum (Chrome-Extension)

To-Do Liste

- Wunderlist (iOS/Android)
- Evernote (iOS/Android)

Projektmanagement

- Trello (iOS/Android)

Schlaf-App

- Sleep Cycle (iOS/Android)
- Dream Catcher (Android)
- Dream Journal Ultimate (iOS)

- Google Kalender (iOS/Android)

Tagebuch / Notizen etc.

- Bear (iOS/Mac)
- Google Docs
- Day One (iOS/Android)

Probiere am Besten aus jeder Kategorie eine App aus, dies sind nach jahrelanger Erfahrung die Besten, die es zurzeit gibt.

Denk' aber dran: Diese Tools nehmen dir keine Arbeit ab - sie vereinfachen lediglichen den Arbeitsprozess und können dir Zeit sparen. Die Arbeit an sich musst du immer noch selbst machen und sie wird auch nicht weniger, wenn du deine To-Do Liste bis zum Rand hin füllst. Ich erwähne das, weil es sehr viele sogenannte

“Entrepreneure” gibt, die den Großteil Ihrer Zeit mit solchen Tools herumspielen und ständig Pläne schmieden. Sie sind in der Theorie bzw. in Ihrem Kopf schon weiter gekommen, aber am Ende des Tages gibt es kein greifbares Ergebnis; es wurden lediglich ein paar Listen erstellt und Notizen gemacht.

Wenn Du das Beste aus diesen Apps holen willst, dann nutze sie auch so, wie sie gedacht sind, als praktische Werkzeuge. Setze die Projekte, die du planst, also auch im echten Leben um, arbeite deine To-Do Liste tatsächlich jeden Tag ab, schreibe täglich in dein Tagebuch und arbeite während deiner “Focus-Session” auch tatsächlich an dem, was Du dir vorgenommen hast. Dann wird der Erfolg schneller kommen, als Du es dir vorgestellt hast.

Anfangs ist es für viele, die solche Apps zum Ersten mal entdecken, sehr verlockend, das Handy mit dutzenden dieser Programme zu füllen und fast schon eine kleine Sammlung aus unterstützenden Tools aufzubauen. Dies ist jedoch äußerst kontraproduktiv. Zum einen, weil man niemals mehr als eine einzige App für die gleiche Aufgabe haben sollte und zum anderen, weil es einfach viel zu verwirrend ist. Die Apps sollen das Leben erleichtern, nicht komplizierter machen. Nutze daher möglichst nur eine App für jede Aufgabe / Lebensbereich. Je weniger, desto übersichtlicher und einfacher gestaltet sich der Alltag.

Es ist schon vielen Leuten passiert, dass sie sich - ohne nachzudenken - immer mehr Tools angeeignet haben und schließlich mehr Zeit damit verbrachten, ihre Listen zuordnen und die verschiedenen Apps zu managen, als tatsächlich zu arbeiten.

Verrenne dich also nicht in so eine Verhaltensweise, da dich das nur unnötig Zeit und Nerven kosten würde. Ich selbst nutze nicht mehr als 5 Apps auf meinem Smartphone und nicht mehr als 10 Apps für alle Lebensbereiche (inklusive Finanzen, Entertainment, Social Media) auf meinem Laptop. Und jetzt, viel Spaß beim Ausprobieren der Apps!

Was ist jetzt zu TUN

Glückwunsch! Wenn Du hier angekommen bist, hast du mehr Durchhaltevermögen und Willen als der träge Durchschnitt. Dies ist jedoch nur der erste Schritt. Die Dinge, die du direkt nach Abschließen dieses E-Books tust, sind entscheidend.

Du kannst dich natürlich auch entscheiden,

dir selbst zu versichern, dass du alles verstanden hast und ganz oder teilweise bereits implementierst. So machen es die meisten Leute, deshalb scheitert auch so gut wie jeder und ist unglücklich. Hier ist eine Step-by-Step Anleitung, wie Du das Wissen in diesem E-Book aktiv umsetzt und implementierst, damit es nicht nur theoretisches Wissen bleibt sondern Du aktiv Erfahrungen sammelst. Denk dran, wenn du nichts davon umsetzt, was hier geschrieben wurde, hast du nicht nur den Preis des E-Books an sich bezahlt, sondern auch den Preis deiner kostbaren Zeit, die du für das Lesen benutzt hast.

Von Theorie zu Praxis:

1) Hol dir Stift und Papier

2) Priorisiere die Kapitel dieses E-Books
   für dich von 1-10

3) Schreibe dir nun zu jedem Kapitel die
   3 wichtigsten Aussagen auf → fasse
   ähnliche Aussagen unter einem
   Leitspruch zusammen

4) Teile nun zwischen Aussagen und
   Aktionen auf

5) Priorisiere die Kernaussagen und
   schreibe sie wiederum nacheinander
   auf ein neues Blatt Papier → Dies liest
   Du dir nun jeden Morgen durch und
   hängst es dir an einem
   unübersehbaren Platz auf, bis du es

verinnerlicht hast

6) Teile die Aktionen in **schnell zu erledigende Aufgaben** und **Gewohnheiten** auf. Erstere (Apps herunterladen etc.) machst du SOFORT, ohne dies aufzuschieben.

7) Für jede Gewohnheit planst du nun 1 Woche ein. Schreibe es Dir ruhig in deinen Kalender, um dich an die Gewohnheit zu erinnern. Wenn die Gewohnheit (zum Beispiel 'meditieren') nach 4 Wochen leichter erscheinen und deinen Alltag komplementieren, also verbessern, dann behalte diese.

Auf diese Weise arbeitet man ein Buch durch und lässt nichts lediglich Wissen bleiben, sondern setzt es auch in die Tat um. Vergiss nicht, deine Kernaussagen jeden Tag durchzulesen und dir darüber Gedanken zu machen; je öfter du dich damit beschäftigst, desto eher wird es ein Teil von dir.

Ständige Weiterbildung

Mit diesem E-Book hast du nun die Basic-Tools, um ein produktives und erfolgreiches Leben zu führen. Was nach dem letzten Kapitel zu tun ist, weißt du bereits. Aber was dann?

Trainiere dir an, dich ständig weiterbilden zu wollen.

Es ist leider so, dass die meisten jungen Leute durch die Schulzeit dazu konditioniert wurden, nicht mehr lernen zu wollen. Viele meinen, nach der Schule oder nach dem Ausbildungsabschluss sei das Lernen "endlich" vorbei.

Ein anderes Problem ist, dass man nach der Schulzeit sehr oft das Lernen erst wieder lernen muss. Die Aufgaben in der Schule sind nämlich sehr stark auf auswendig lernen basiert, was absolut nicht der Natur des Menschen entspricht und auch keinen Sinn im weiteren Leben macht.

Wer jedoch einmal aufhört zu lernen, wird schnell merken, dass nicht nur das Denken an sich immer schwerer fällt, sondern auch das Leben nach und nach auseinanderfällt und stagniert.
Du solltest dich dazu trainieren, "tief denken" (Deep Thinking) zu können. Das hat weniger mit auswendig lernen zu tun und viel mehr mit kreativem und verbundenem Denken. Dabei ist es wichtig, beide Gehirnhälften zu benutzen.

Versuche also, mindestens einmal pro Woche eine "Deep Thinking Session" für mehrere Stunden abzuhalten, um dein Gehirn zu trainieren und ebenso der

Schnelllebigkeit und kurzen Aufmerksamkeitsspanne der heutigen Zeit entgegen zu wirken.

Bei dieser Session denkst du über logische und rationale Konstrukte deines Lebens oder deiner Arbeit nach und versuchst aber mit deiner anderen Gehirnhälfte eine kreative und "outside-the-box" Lösung zu finden.

Lass dich bloß niemals von Gedanken wie "das macht man nicht so" oder "niemand würde das so lösen" aufhalten, denn genau bei solchen Einwendungen weißt du, dass du richtig denkst.

Leute wie Elon Musk (Gründer von PayPal, Tesla, SpaceX..) denken auf genau diese Weise. Sie denken tiefgehend und lassen sich von dem Gedanken, dass etwas unmöglich oder allgemein nicht akzeptiert wäre, niemals ablenken. Im Gegenteil, sie motivieren sich durch den Gedanken, dass etwas noch nie auf diese Art und Weise gelöst wurde.

Ich möchte es zwar nicht als Faustregel aufstellen, aber in den meisten Fällen trifft es trotzdem zu: Was auch immer die Masse denkt, solltest du ganz genau unter die Lupe nehmen und sehr kritisch beobachten. Denn was die Masse denkt, wurde meist nur als allgemein akzeptiert angesehen und nicht tiefgehend analysiert.

Ein Beispiel dafür ist zum Beispiel, dass es als Fakt galte, dass Spinat einen besonders hohen Anteil an Eisen enthält, was sich jedoch später als Versuchsfehler eines Laboranten herausstellte. Jedoch übernahm die breite Masse diese Meinung als Fakt und sie wurde für Jahrzehnte unüberlegt und unanalysiert weitergegeben.

Neben den Deep Thinking Sessions solltest du es dir zur Angewohnheit machen, jeden Monat mindestens ein Buch zu lesen. Man lernt nie aus und jeder Autor kann neue Ansätze und Denkweisen zu einem bestimmten Thema hinzusteuern.

Bilde dich ständig in Form von Büchern, Seminaren, Vorträgen, Videos, Podcasts, Hörbüchern, Mentoren weiter. Dies ist essentiell, um nicht nur kognitiv nicht zu stagnieren, sondern auch immer up-to-date zu bleiben, was den derzeitigen Stand der Wissenschaft darstellt.

Mach es dir jedoch noch mehr zur Angewohnheit, das gelesen Wissen tatsächlich anzuwenden. Wenn du nun ein Buch pro Monat liest, dann setze das darin enthaltene Wissen in jedem Kapitel um. Arbeite mit Büchern statt sie nur zu lesen. Gelesen werden Romane, diese Art von Büchern müssen aber studiert und bearbeitet werden.

Ein letzter sehr wichtiger Tipp ist, das Wissen und die Aussagen immer kritisch zu behandeln und aus einer ursprünglichen Produktivität keinen Perfektionismus zu machen.

Es ist nämlich so, dass Autoren in ihren Veröffentlichungen meist sehr viel verschiedenes Wissen preisgeben. Dabei ist ihnen vollkommen bewusst, dass nicht jeder einzelne Tipp umgesetzt werden kann. Sie wissen jedoch, dass jedes bisschen Inhalt für eine andere Person in einer anderen Lebenslage hilfreich ist und somit insgesamt das gesamte Wissen des Buches genutzt wird.

Picke dir also immer ausschließlich das Wissen aus einem Buch zur Anwendung heraus, dass du in diesem Moment deines Lebens auch tatsächlich brauchst. Alles andere kann gegebenenfalls notiert werden, falls man es zu einem späteren Zeitpunkt benötigt.

Tipps zum Erfolg

Es gibt zwei verschiedene Arten, wie Du das ganze nun angehen kannst. Es gibt die "Fastlane" und die "Slowlane".

Auf der "Fastlane" geschieht Veränderung und Anwendung sehr schnell, Rückschläge und Fehler werden zum Positiven gewendet und als Teil des Ganzen gesehen. Es werden keine Etappensiege benötigt, da die Menschen auf der "Fastlane" bereits den Erfolg verkörpern. Wie bereits in der Einleitung zum Gesetz der Anziehung angesprochen: Sie **sind** erfolgreiche Menschen (BE - DO - HAVE).

Auf der "Slowlane" passiert Veränderung eher zögerlich und es gibt immer wieder Rückschläge, die persönlich genommen werden und das eigene Mindset, sowie den eigenen Weg in Frage stellen. Es wird viel Motivation, Erfolgsgefühle und Bestätigung von Außen benötigt. Diese Menschen werden auch erfolgreich sein, jedoch dauert es länger und der Weg wird anstrengender sein. Sie denken und funktionieren eher nach folgendem Prinzip: DO - HAVE - BE.

Ich sage damit nicht, dass es falsch ist,

Etappensiege zu feiern oder sich hin und wieder eine Pause zu gönnen. Das ist vollkommen legitim. Wenn du aber auf deinem Weg bist und ein unerschütterliches Mindset hast, wird alles plötzlich viel einfach sein.

Menschen mit schwachem Mindset und wenig Selbstwertgefühl (siehe Einleitungskapitel) tendieren dazu, sich ständig über Fehler zu beschweren, den Erfolgsprozess unnötig hinauszuzögern und oft von ihrem Weg abzukommen. Dieses "Abkommen vom Weg" hat ganz gravierende Auswirkungen:

Stelle dir vor, eine Frau lässt sich röntgen und erfährt, dass sie schwanger ist. Jeder Mensch ist sich nun zu 100% sicher, dass diese Frau in ca. 9 Monaten ein Kind gebären wird. Stellt währenddessen irgendjemand in Frage, dass in ihrem Bauch gerade ein Kind existiert, nur weil man es noch nicht sehen kann? Natürlich nicht.

Leider verhält sich der Großteil der Menschen so, wenn es um persönlichen Erfolg und Erfüllung geht. Nur weil Du den Erfolg noch nicht sehen kannst, heißt es nicht, dass er nicht bereits existiert. Wir Menschen sind mit unseren 5 Sinnen relativ limitiert und können nicht wirklich verstehen, was nicht gesehen, gehört oder sonst irgendwie wahrgenommen werden kann.
Ob Du nun an diese Dinge glaubst oder nicht, ist nicht wichtig. Was jedoch einen erfolgreichen Menschen ausmacht, bleibt immer gleich:

Er verkörpert Erfolg. Er ist Erfolg.

Natürlich kannst du dir selbst deinen

persönlichen Mix zusammenstellen und besonders für den Anfang ist es wichtig, sich kleine Ziele zu stellen und diese gründlich zu feiern, da sonst schnell der Elan und Enthusiasmus gegenüber der Arbeit verschwinden kann.

Wenn du allerdings deinen Weg gewählt hast, bleibe mit 100%ger Sicherheit darauf und steuere zielgerichtet Richtung Erfolg zu.

Sei Erfolg.

In diesem Sinne wünsche ich dir viel Erfolg und Spaß bei der Umsetzung und der Realisierung deiner Ziele und Träume.

Impressum

© Autor Christiano Kuhn

1.Auflage 2019

Alle Rechte vorbehalten.

Nachdruck, auch auszugsweise, verboten.

Kein Teil dieses Werkes darf ohne schriftlich
Genehmigung des Autors in irgendeiner
Form reproduziert,

vervielfältigt oder verbreitet werden.

Kontakt: Andreas Walter/ Danziger Str.26/
31618 Liebenau

Covergestaltung: fiverr

Coverfoto: depositphotos.com

www.ingramcontent.com/pod-product-compliance
Lightning Source LLC
Chambersburg PA
CBHW051222250726
48655CB00006B/2545